M. Schomann

11. Juni 2022

Klaus Mehner
Parallelwelten Ost-West

Klaus Mehner

Parallelwelten Ost-West

Fotografien aus Berlin 1964–1990
Herausgegeben von Peter Wensierski

Jaron Verlag

Für die freundliche Unterstützung, insbesondere für die Genehmigung zum Abdruck der Fotografien von Klaus Mehner, danken wir der Bundesstiftung zur Aufarbeitung der SED-Diktatur

BUNDESSTIFTUNG
AUFARBEITUNG

Originalausgabe
1. Auflage 2021

www.jaron-verlag.de
Umschlaggestaltung: Bauer+Möhring, Berlin, unter Verwendung zweier Fotos von Klaus Mehner
Satz und Layout: Prill Partners|producing, Barcelona
Lithografie: Bild1Druck GmbH, Berlin
Druck und Bindung: Westermann Druck Zwickau GmbH, Zwickau

ISBN 978-3-89773-888-1

Anna Kaminsky

Grußwort

Was viele von uns noch selbst erlebt haben, liegt für junge Leute in einer Zeit lange vor ihrer Geburt. Sie verbinden mit dem, was uns geprägt hat, nur wenig. Wer war Honecker, was war die Mauer, was bedeutete das alles für den Einzelnen und die Gesellschaft? Wie macht man also die DDR für jene sicht- und erfahrbar, die sie nicht selbst erlebt haben?

Wir erschließen uns vergangene Zeiten oft über Fotografien, die unsere Wahrnehmungen prägen und eine herausragende Quelle sind, vor allem da sie eine international verständliche (Bild-)Sprache haben. Sie bedürfen keiner Übersetzung, sie sprechen aus sich selbst, vermitteln Personen, Ereignisse und wecken Assoziationen. In autoritären Regimen und Diktaturen arbeiten Fotografen unter besonderen Bedingungen. Sie unterliegen strengen Kontrollen und Beaufsichtigungen bei ihrer Arbeit. Auch weil Fotografie nie unpolitisch war und ist. Das war auch den DDR-Machthabern bewusst. Glücklicherweise konnten sie aber nie ganz verhindern, dass Fotografen aus der DDR sowie dem Ausland das Land und die Menschen auch ungeschminkt abbildeten. Manchmal zeigte sich die Brisanz von Aufnahmen erst im Nachhinein oder auf den zweiten oder dritten Blick.

Klaus Mehner war als *Spiegel*-Fotograf von 1973 bis 1990 in der DDR. Seine Fotos ermöglichen uns einen Blick auf die DDR, aufgenommen von einem Westdeutschen mit seinem spezifischen Blick auf das „andere Deutschland".

2003 wurde zwischen Klaus Mehner und der Bundesstiftung Aufarbeitung der Ankauf von etwa 500 000 Fotos und Negativen vereinbart. Viele Besuche unseres Archivleiters Dr. Matthias Buchholz zur künftigen Nutzung dieses einzigartigen Fotobestands gingen dem voraus. Nach dem plötzlichen Tod von Klaus Mehner 2016 konnten wir aus seinem Nachlass noch einmal 400 000 Fotos übernehmen, die sich vorrangig auf West-Berlin und die „alte" Bundesrepublik beziehen. Damit können wir unseren Anspruch einlösen, die Geschichte von Bundesrepublik und DDR als gemeinsame gesamtdeutsche Geschichte zu erzählen. Dafür steht die Publikation wie auch die Ausstellung mit den manchmal (zumindest auf den ersten Blick) vielleicht gar nicht so verschiedenen Gegensatzpaaren.

Wir schätzen uns glücklich, den Fotobestand von Klaus Mehner in unserem Archiv zu haben. Gemeinsam mit den Fotobeständen von Harald Hauswald, Harald Schmitt, Uwe Gerig, Günter Bersch, Andreas Taubert und vielen anderen Fotografen entwickelt sich unser Archiv zu einem der wichtigsten Bildarchive für die DDR der 1970er- und 1980er-Jahre. Damit verbunden ist die unkomplizierte und kostenfreie Nutzung der Bildbestände für nichtkommerzielle Bildungszwecke.

Ich freue mich sehr, dass nach so vielen Jahren die Fotos von Klaus Mehner in einer Ausstellung und einer Publikation zugänglich gemacht werden. Peter Wensierski gilt unser Dank dafür, dass er nach einem Besuch in unserem Archiv die Projektidee konsequent verfolgt hat. Wir haben beide Vorhaben ausgesprochen gerne gefördert und wünschen uns, dass das Buch viel gelesen und die Ausstellung von vielen Menschen besucht wird.

Dr. Anna Kaminsky, Direktorin der Bundesstiftung zur Aufarbeitung der SED-Diktatur

Augenzwinkernd in Frank-Zappa-Pose: Fotograf Klaus Mehner

Peter Wensierski

Zonenwechsel

Der Fotograf Klaus Mehner

Auf der Suche nach Fotos von Klaus Mehner stieß ich im Archiv der Stiftung zur Aufarbeitung der SED-Diktatur auf eine Aufnahme, die mich geradezu faszinierte. Sie zeigt eine Familie aus Anatolien in einem dieser elendigen Kreuzberger Hinterhöfe im Jahre 1976. Ein Bild, das eine ganze Geschichte erzählt.

Diesen Klaus Mehner kannte ich nicht. Ich kannte ihn bis dahin nur aus Gesprächen beim *Spiegel*, wo er sich auf das Porträtieren von Interviewpartnern beschränken musste. Gedruckt wurden damals in dem Magazin zumeist Köpfe – männliche Köpfe.

Nun aber tat sich eine ganz andere fotografische Welt vor mir auf. Ich war unverhofft auf einen regelrechten Schatz gestoßen: auf Hunderttausende von Bildern, die allerersten aus den frühen 1960er-Jahren, die letzten aus der Zeit kurz vor dem Tod des Fotografen im Jahre 2016. Festgehalten war ein halbes Jahrhundert!

Tagelang tauchte ich in seine Bilderwelt ein. Es wurde eine intensive Zeitreise durch die jüngere Geschichte Berlins. Gesichter und Ereignisse zogen vorüber. Vertraute wie unbekannte Orte, private und öffentliche Momente, Arbeit und Streiks, Demonstrationen und Diskussionen, Kämpfe und Niederlagen, beinahe vergessene Menschen – das Meiste in Schwarz-Weiß.

Alles längst vergangen? Vieles nicht – beim Betrachten mancher Bilder drängte sich die Vergangenheit direkt in die Gegenwart hinein. Denn manchmal scheint die Gegenwart schon in der Vergangenheit präsent: beim Kampf um autofreie Straßen, beim Umgang der Gesellschaft mit Fremden, bei Treffen von Nazis, bei Demonstrationen von Kindern, Studenten oder Feministinnen in den Straßen der Stadt … Viele der auf den Bildern dargestellten Probleme scheinen bis heute offen und ungelöst. Das macht diese Aufnahmen so aktuell.

Klaus Mehners Fotoschatz erzählt Geschichte, er ist so etwas wie das Gedächtnis der Stadt. Die Sammlung ist ungeheuer groß und noch längst nicht vollständig erschlossen. Sind es 400 000 oder 500 000 Negative?

Ich bekam den Eindruck, Mehner habe nahezu jeden Tag in der Stadt fotografiert: Ereignisse, die er als Fotoreporter für seine Auftraggeber einfing oder die ihn schlicht persönlich interessierten.

Nach und nach wurde mir das ganz Besondere an seinem Werk deutlich. Mehners Bilder offenbaren die verrückte Normalität einer geteilten Stadt. Er brachte deutsch-deutsche Zeitgeschichte fotografisch auf den Punkt, auf beiden Seiten der Berliner Mauer. Seine Fotos dokumentieren Verbindendes und Trennendes zwischen den Welten einer jahrzehntelang halbierten Stadt. Obwohl auf beiden Seiten der Mauer die Unterschiede dieser beiden Welten stets beschworen wurden, entdecken wir heute auf Mehners Bildern nicht nur Trennendes, sondern auch Gemeinsames, neben vielem Gegensätzlichen auch Verbindendes.

So begann ich, Bilder aus Ost und West einander gegenüberzustellen, und geriet beim Betrachten immer wieder in Erstaunen darüber, dass es mehr Westen im Osten und mehr Osten im Westen gab, als gerne behauptet wurde.

In diesem Buch sind nun solche Bildpaare zu sehen: Eine Aufnahme aus West- ist jeweils einer aus Ost-Berlin zugeordnet. Es ergeben sich vom

Fotografen einst unbeabsichtigte Vergleiche ohne Gleichsetzung. Das Ergebnis ist verblüffend. Mitunter verbinden Mehners Bilder zwei unterschiedliche Lebenswelten auf überraschende Weise. Bilder, die für mich geradezu magisch zusammengehören: Demonstranten mit Fahnen und Schildern, Politik machende Männer, bedienende Frauen, protestierende Kinder, sich vergnügende Rentner, sich präsentierende Models, Künstler und Literaten, die um Aufmerksamkeit bitten. Sie alle lebten in einer geteilten Stadt, werden aber nun als Bildpaare rückwirkend vereint.

Manches scheint wie ein Spiel mit Ort und Zeit. Ost-Produkte werden im Westen verkauft, West-Produkte im Osten. Im Kopf hat jeder seine eigene Erinnerung an Intershops, an Polizeigewalt, an Wahlen, an das Leben in den Berliner Neubauvierteln. Die Zusammenstellung der Aufnahmen aus Ost und West weckt nicht nur gemeinsame wie unterschiedliche Erinnerungen, sondern auch Lust am Austausch heute – über Gleiches und Ungleiches, über Entwicklung und Veränderung, über Vergangenes und Gegenwärtiges.

Bisweilen scheinen uns die Bilder zu täuschen: Ist das wirklich der Osten, der auf dieser Aufnahme zu sehen ist, und der Westen, den jenes Foto zeigt? Das Kinderkollektiv auf dem Pinkeltopf ist in Kreuzberg aufgenommen, die verfallene Mietskaserne ebenso, und auch die FKK-Wiese fand sich in West-Berlin. Der fein säuberlich getrennte Müll aus dem Westen indes wurde im Osten entsorgt. Nur was den öffentlichen Missbrauch des weiblichen Körpers angeht, standen sich Ost und West in nichts nach.

Wer ist der Fotograf hinter diesen Bildern?

Klaus Mehner hat uns viele Fotos hinterlassen, jedoch wenig über sich selbst. Geboren 1941 in Berlin, mitten im Zweiten Weltkrieg, in dem sein Vater zu Tode kam. Aufgewachsen im Westen der Stadt, in Schmargendorf. Nach dem Abitur 1959 zur Bundeswehr eingezogen. Nach wenigen Wochen Grundwehrdienst verpflichtet sich der 18-Jährige für fünf Jahre in einer Panzereinheit. Er hält das zwar durch, doch am Ende geht er im Zorn über seine Vorgesetzten, die seiner Ansicht nach keine demokratische Armee aufbauen wollen.

Die Zeit bei der Bundeswehr hinterlässt wohl einige Spuren bei Mehner: seine Begeisterung für Technik, seine Disziplin, seine Ausdauer. Vielleicht auch die Fähigkeit, auf den richtigen Moment warten zu können.

Der nun ins Leben entlassene 23-Jährige verwendet die Prämie der Bundeswehr erst einmal zum Nichtstun in Berlin. Während er weg war, ist eine Mauer gebaut, die Stadt endgültig geteilt worden. Zu Fuß erkundet er den Westteil, besucht die Vergnügungsorte der 1960er-Jahre vom Stuttgarter Platz bis zum Schöneberger „Prälaten". Um dafür Geld zu haben, nimmt er einen Job als Kameramann bei der „Alarmbereitschaft" des Senders Freies Berlin an. Einsatz bei plötzlichen Ereignissen, rund um die Uhr. Doch das ist mehr Warterei im Schichtdienst als Abenteuer.

Ein Zufall holt ihn aus dieser Situation heraus. Weil er als Ex-Bundeswehrsoldat als Geheimnisträger gilt, darf Mehner nicht über die Transitstrecken der DDR nach Westdeutschland reisen, er muss stets das Flugzeug nehmen. Eines Tages sitzt in der Maschine nach Frankfurt am Main der Personalchef von Associated Press (AP) neben ihm, und man kommt ins Gespräch. Mehner erzählt von seiner Arbeit als Kameramann, und sein Sitznachbar sagt spontan: „Na, dann kommen Sie doch zu uns!" Mehner erwidert: „Okay, wer filmen kann, der kann auch fotografieren."

Er weiß natürlich, dass er keine Ahnung vom Fotografieren hat, dennoch geht er 1965 für kurze Zeit zu AP in Frankfurt. Dort lernt er die Praxis des Pressefotografen und die Laborarbeit unter Zeitdruck kennen. Als AP ihn in die provisorische Bundeshauptstadt Bonn schickt, wird dort schon bald die britische Fotoagentur Keystone auf ihn aufmerksam und wirbt ihn ab. Sein neuer Dienstsitz ist Köln, sein Arbeitsgebiet ganz Nordrhein-Westfalen.

Als aus seiner Heimatstadt Berlin zunehmend Nachrichten über revoltierende Studenten zu ihm dringen, zieht es ihn dorthin zurück. Er beginnt sich eine selbstständige Existenz als Fotograf aufzubauen und bietet seine Fotos von Berliner Ereignissen, oft mit Begleittext, ungefragt den Redaktionen an – ein mühsames Geschäft, mit wechselndem Erfolg.

Auf eigene Faust beginnt er auch im Ostteil der Stadt zu fotografieren – einfach so, denn das ist doch jedem Besucher Ost-Berlins erlaubt, sagt er sich. Doch als seine Fotos in Zeitungen erscheinen, kommt es schon bald zu einem Konflikt mit der DDR-Obrigkeit.

Was ist geschehen? Am 10. Juli 1970 hat Mehner eine Handvoll DDR-Bürger fotografiert, die auf der Ostseite des Brandenburger Tores sitzen, Blick nach Westen, durch Blumenrabatten hindurch, die den direkten Blick auf die Mauer erschweren sollen. Eigentlich ein harmloses Foto, das jeder Tourist machen darf. Und Mehner hat die Menschen extra von hinten fotografiert, weil es ihm um den Blick nach Westen geht und niemand erkennbar sein soll. Doch bei Veröffentlichung dieses Bildes gibt es sofort Ärger mit dem DDR-Außenministerium. Solche Fotos müssen beantragt werden, heißt es, denn das sei schließlich Grenzgebiet!

Nach der Abmahnung werden Mehners Ausflüge nach Ost-Berlin vorübergehend seltener. Im Westteil der Stadt ist ohnehin mehr los. Der Fotograf begleitet begeistert die APO, die „Außerparlamentarische Opposition", und ihre Protagonisten, ob Rudi Dutschke, Christian Semmler, Ulrike Meinhof, Fritz Teufel, Horst Mahler, Rainer Langhans oder Uschi Obermaier. Nahezu jede Demonstration, jede Institutsbesetzung, viele Großveranstaltungen im TU-Audimax, das erste Berliner Frauenfilmfestival und auch ein Beckett-Colloqium – stets ist Mehner mit dabei und hält die Ereignisse mit seiner Kamera fest. So wird er zu einem der wichtigsten Chronisten der Studentenrevolte. Viele seiner Bilder prägen unsere Vorstellung von der 68er-Bewegung. Besonders bekannt wurde Mehners *Stern*-Titelbild, auf dem sich die APO-Ikone Uschi Obermaier einen Joint dreht. So wird auch der *Spiegel* auf ihn aufmerksam, beginnt regelmäßig seine Bilder zu drucken, gibt ihm zunehmend Aufträge. Doch es gibt keine feste Anstellung, Mehner bleibt weiterhin freier Fotograf. Er arbeitet für das Plattenlabel „Electrola" und lichtet Stars und Sternchen, Entertainer und Schlagersänger ab: von Freddy Quinn über Conny Froboess und Vico Torriani bis Hildegard Knef. Daneben fotografiert er den Beatles-Yogi auf Berlin-Besuch, bildende Künstler, Theaterleute, Intellektuelle, die ersten Tramper, den ersten vegetarischen Fleischersatz, die ersten Heroin-Junkies ...

1973 kann der *Spiegel* – wie eine Handvoll anderer West-Medien auch – ein Büro in Ost-Berlin eröffnen, mit Jörg R. Mettke als erstem Korrespondenten. Der wird allerdings nach 27 Monaten wegen eines *Spiegel*-Artikels über DDR-Zwangsadoptionen – an dem er gar nicht mitgewirkt hat – des Landes verwiesen, Ulrich Schwarz wird sein Nachfolger. Auch Mehners Arbeit wird bald eingeschränkt, da er sich 1974 durch ein einziges Bild beim DDR-Außenministerium und der Ost-Berliner Staats-und Parteiführung unbeliebt gemacht hat. Ihm ist eine Aufnahme gelungen, die erstmals übersichtlich von oben die gesamte geheime Zentrale des Ministeriums für Staatssicherheit (MfS) zeigt. Das spektakuläre Foto wird zuerst vom *Spiegel* abgedruckt, wie damals üblich ohne den Namen des Fotografen. Doch da Mehner als Freier das Bild auch an andere Zeitungen verkauft, wird es in diversen Medien – vom *Stern* über die *Zeit* bis zu ausländischen Magazinen wie *Newsweek* – mit seinem Namen versehen.

Das Foto ist ein echter Coup. Mehner hat sich genau überlegt, wie er sein ehrgeiziges Ziel realisieren kann. Und das ist typisch für seine Arbeitsweise, wenn er etwas Besonderes abliefern will. Natürlich könnte er das Gebäude einfach von der Frankfurter Allee her aus dem Auto knipsen. Doch dann wäre kaum etwas zu sehen. Er will das von Erich Mielke geführte MfS jedoch in seiner ganzen Größe zeigen.

Dem MfS gegenüber steht ein 18 Stockwerke hoher Plattenbau, in dem hauptsächlich Stasimitarbeiter wohnen. Mehner entdeckt ganz oben am Haus kleine Luken, von denen einige offen stehen. Also spaziert er auf der Rückseite der Hochhäuser hin und her, raucht eine seiner geliebten Mentholzigaretten der Marke Reyno nach der anderen, bis einer der Bewohner auf den Eingang zustrebt und die Tür öffnet. Bevor sie wieder zufällt, schlüpft er ins Haus und nimmt dann den Fahrstuhl bis ganz nach oben. Vierkantschlüssel und Dietrich hat er bei sich, mit ihnen öffnet er die Dachbodentür. Er betritt einen Trockenboden und zieht die Tür gleich hinter sich zu. Unter seiner grün glänzenden „Kampfjacke" – so nannte er die Jacke, die er jahrelang trug – zieht er die Kamera hervor und schießt durch eine der offenen Luken seine Bilder. Dann schließt er die Dachbodentür wieder brav ab, nimmt den Fahrstuhl nach unten und geht auf Umwegen zu seinem Auto zurück.

Drei Jahrzehnte später konnte Mehner in seiner Stasiakte nachlesen, wie Mielke und seine Leute auf die weltweite Veröffentlichung des Fotos reagiert hatten. Zunächst vermuteten sie, das Foto sei aus der Luft gemacht worden. Dann maßen sie sämtliche Winkel penibel nach und errechneten, aus welchem Gebäude es vermutlich geschossen worden war. Daraufhin wurde der Trockenboden zugemauert – nicht nur in dem Hochhaus, in dem Mehner gewesen war, sondern in der gesamten Reihe entlang der Frankfurter Allee.

Sein weit verbreitetes Bild ist eine Schmach für Erich Mielke und die DDR-Führung. Ihr geheimes Objekt ist überall in den Medien des Klassenfeinds zu sehen! Die Folge ist, dass Mehner, im Gegensatz zu jedem beliebigen Besucher Ost-Berlins, zeitweise nicht einmal mehr Straßenszenen fotografieren darf. Viele seiner Anträge werden nicht genehmigt, bis mit Ulrich Schwarz 1977 ein neuer *Spiegel*-Mann kommt und das Büro in Ost-Berlin wieder eröffnet werden kann.

Doch bereits nach fünf Monaten gibt es neuen Ärger. Stein des Anstoßes ist diesmal eine Fotoserie, mit der Mehner am 14. September 1977 erstmals Bilder vom Freikauf von DDR-Häftlingen gelungen sind. Dazu hat er sich, nachdem er einen Tipp erhalten hatte, auf der Transitstrecke zwischen Hermsdorfer Kreuz und dem Grenzübergang Herleshausen stundenlang auf die Lauer gelegt, bis er die Autokolonne, angeführt vom goldenen Mercedes des Ost-Berliner Anwalts Wolfgang Vogel, kommen sah.

Ein Vertreter des DDR-Außenministeriums sagte nach der Veröffentlichung zum *Spiegel*-Korrespondenten: „Herr Schwarz, können Sie sich nicht einen anderen Fotografen nehmen?" Schwarz antwortete: „Wozu? Es gibt keinen Neuen, denn diesem Fotografen vertrauen wir!" Der bundesrepublikanische Diplomat und Unterhändler Hans Otto Bräutigam raunte Mehner einmal zu: „Sie ahnen ja gar nicht, wie häufig ich ihretwegen schon im Außenministerium vorstellig werden musste!"

Wegen den einträglichen Beziehungen zur Bundesrepublik will die DDR dem West-Berliner Fotografen nicht gänzlich den Zugang zu ihrem Land verwehren. Doch wenn sie ihn etwa zähneknirschend zur Leipziger Messe zugelassen hat, wird er bei seinen Fotoexkursionen offen von der Stasi begleitet. Aber Mehner trickst die Bewacher oft genug aus und fotografiert nicht nur Militärparaden oder Politbüromitglieder, sondern auch viele Dinge, die zu fotografieren nicht erlaubt, aber interessant und wichtig sind: die Mülldeponie Schöneiche zum Beispiel, unliebsame Schriftsteller oder rebellische Oppositionelle, Radarfallen der Volkspolizei, Intershops, die Beerdigung von Chris Gueffroy, eines an der Mauer erschossenen Jugendlichen – und sogar seine eigenen Bewacher von der Stasi.

Als er einmal Bilder vom Besuch des nordrhein-westfälischen Ministerpräsidenten Johannes Rau in der DDR machen will, wird Mehner vor Ort recht sauer, denn das Protokoll des Außenministeriums hat ihm einen Platz zugewiesen, von dem aus er kaum ein brauchbares Foto machen kann. Da legt er demonstrativ vor Herrn Claus, seinem Aufpasser vom DDR-Außenministerium, die Kamera nieder und sagt: „Ich streike!" Claus erwidert: „Na, dann können wir ja gehen." Mehner: „Nein, überhaupt nicht!" In diesem Moment kommen Honecker und Rau durch eine Tür herein. Mehner verlässt entschlossen den ihm zugewiesenen Platz, geht ganz nach vorne und ruft: „Herr Staatsratsvorsitzender, sind Sie bitte so freundlich und machen mir mal ein Shakehands?" Honecker folgt der Bitte brav, und Mehner bekommt seine Bilder. Sein Aufpasser Claus grummelt: „Sie können den Staatsratsvorsitzenden hier nicht zum Mannequin machen!"

Beim nächsten Honecker-Termin kommen die Leute der ADN, der staatlichen Nachrichtenagentur der DDR, auf ihn zu und fragen lachend: „Sprechen Sie ihn wieder an?" So etwas haben sie selbst noch nie gewagt.

Das Ministerium für Staatssicherheit hatte Mehner die Bezeichnung „Wurm" gegeben. Nach 1989 erklärte ihm ein ehemaliger Stasimitarbeiter, was gemeint war: „Ein Objekt, das wir zertreten wollten." Trotz alledem: Der schwere Autounfall, den Mehner mit Ulrich Schwarz im September 1987 auf der Autobahn bei Güstrow hatte, ging nicht auf das Konto der Stasi, sondern hatte seinen Grund in der Übermüdung bei einer Reportagereise.

Mehner gab sich im Westen wie im Osten oft trotzig und antiautoritär, auch äußerlich mit seinen Cowboystiefeln und seiner „Kampfjacke", mit Sonnenbrille und einer Zigarette im Mundwinkel. Die APO-Zeit hatte ihn geprägt in seinem Trotz und seiner Abneigung gegenüber Etikette. Wenig konnte ihn einschüchtern. Nur so kam er an spezielle Fotos, an ungewöhnliche Orte und Blickwinkel. Er sagte einmal: „Wo mein Name drunter steht, muss das Bild eine ordentliche Qualität haben."

Hinzu trat Mehners frecher Humor. Der kam etwa zum Tragen, wenn er den jungen Schriftsteller Peter Handke, der so cool wie möglich vor seiner Kamera zu posieren versuchte, mit Selbstauslöser nachstellte oder wenn er sich selbst wie Frank Zappa auf der Toilette knipste.

Mehner selbst sah sich immer politisch als Linken. Die DDR interessierte ihn als Gegenentwurf zur Bundesrepublik. Sie war für ihn ein sozialistisches Experiment auf deutschem Boden, das zwar aus dem Ruder gelaufen, aber doch lehrreich und spannend war. Er zeigte, dass Anspruch und Wirklichkeit hier auseinanderklafften. Genauso kritisch fotografierte er aber auch im Westteil seiner Heimatstadt.

Die analogen Schwarz-Weiß-Bilder aus der Zeit des geteilten Berlin betrachtete er als Kern seines Werks. Nach dem Fall der Mauer begleitete er noch intensiv die Geschehnisse: die Runden Tische, die Demonstrationen, Aufstieg und Fall mancher Akteure, Deutschlands Wiedervereinigung.

Klaus Mehner war ein Dokumentarist und ein Wanderer zwischen zwei Welten, die nebeneinander existierten, sich voneinander abgrenzten und doch ständig aufeinander bezogen waren. Dass sie das Trennende und das Gemeinsame festhielten, gibt Mehners Aufnahmen heute ihre besondere Kraft.

Die Fotos in diesem Buch zeigen aber auch: Manchmal ändern sich die Dinge schneller, als man denkt. So können Mehners Fotos vielleicht nicht nur dazu beitragen, unsere gemeinsame Geschichte besser zu verstehen, sondern auch, gelassener mit der Gegenwart umzugehen.

1978

Kollektiver Topfgang war durchaus kein Spezifikum des Ostens. Das Foto zeigt einen **Kindergarten** in Kreuzberg. In SO 36, dem kleineren, auf drei Seiten von der Mauer umschlossenen Teil des Bezirks, in dem Wohnraum besonders günstig war, entstanden die ersten von den Eltern selbst organisierten Kinderläden, in denen man sich in antiautoritärer Erziehung versuchte.

1986

Darauf konnte sich die DDR etwas zugutehalten: Hier gab es für jedes Kind einen Kindergartenplatz, damit die Frauen ungehindert einen Beruf ausüben konnten. Eher negative Erinnerungen sind mit **Wochenkrippen** verbunden, die vom Staat als bessere Alternative zur familiären Betreuung gepriesen wurden. Hier wurden die Kinder montags früh abgegeben und freitags wieder abgeholt.

1968

Ein **Raucherzimmer** in der Schule einzurichten war einst ein hitzig verfochtenes Kampfziel junger Leute. Inzwischen gibt es nicht mal mehr versteckte Raucherecken an den Schulen. Der Pro-Kopf-Zigarettenkonsum erreichte in den Siebzigerjahren einen Höhepunkt. Heutzutage braucht nicht mehr zu rauchen, wer seine Coolness unter Beweis stellen möchte.

1988

Natürlich genossen trotz **Anti-Raucher-Losungen** auch Junge Pioniere Zigaretten. Vor allem F6, Karo, Real, Duett, Club, Casino, Jubilar und später Salem Gelb wurden gequalmt. Während im Westen Peter Stuyvesant den „Duft der großen, weiten Welt" versprach, wusste man im Osten: „Der Mann an der Bar raucht Jubilar" und „Der Mann von Welt raucht Salem Gelb".

1971

1976

Frauen tanzen, **Männer** marschieren. Die Fotos zeigen Aufnahmen zu einer in West-Berlin produzierten Fernsehshow des Ersten Deutschen Fernsehens und einen Aufmarsch der BePo, der 1952 gegründeten West-Berliner Bereitschaftspolizei, die dem Schutz von Versammlungen, Sportereignissen und Staatsbesuchen sowie der Absicherung von Kontrollen und Razzien diente.

1989

1976

Frauen tanzen, **Männer** marschieren. Doch sosehr die Bilder aus dem Osten – vom letzten Pfingsttreffen der FDJ 1989 im Stadion der Weltjugend und vom Wachaufzug vor Schinkels Neuer Wache – denen aus dem Westen ähneln: In Sachen wirtschaftlicher Unabhängigkeit vom Mann war die DDR weit vorangeschritten, 90 % der Frauen waren dort 1989 berufstätig.

1975

1975

1975 spielten Frauen keine Rolle in der „neuen CDU" von West-Berlin. Die CDU mit Spitzenkandidat Peter Lorenz gewann die **Wahlen** zum Berliner Abgeordnetenhaus mit 43,9 Prozent der Stimmen, jedoch blieb Klaus Schütz (SPD) durch eine Koalition mit der FDP Regierender Bürgermeister. Auch seinem Senat gehörten ausschließlich Männer an.

1971

1988

Auf dem Plakat für die – keineswegs freien – **Wahlen** zur Stadtverordnetenversammlung an einer Litfaßsäule in Pankow war immerhin eine Frau vertreten. Auch im Ost-Berliner Magistrat und in den Leitungsgremien der Staats- und Parteiführung der DDR waren die Männer weitgehend unter sich, obwohl die Gleichberechtigung in der Verfassung – wie im Westen – festgeschrieben war.

1969

Alljährlich zur Weihnachtszeit verwandelte sich der altersschwache Panzer – ein Veteran aus dem Koreakrieg –, der vor den US-amerikanischen **Turner Barracks am Hüttenweg** in Dahlem stand, in einen Christmas-Schlitten. Santa Claus saß obendrauf und hielt die Zügel in der Hand. Bisweilen hatten die amerikanischen Besatzer in West-Berlin schon merkwürdige Ideen.

Überall in der DDR errichteten die sowjetischen Besatzer Ehrenmale, die an die Opfer der Roten Armee im Zweiten Weltkrieg erinnerten. Allein in Ost-Berlin gab es drei monumentale Anlagen, die Denkmal und Friedhof zugleich waren. Die größte war das **Sowjetische Ehrenmal im Treptower Park** mit Kolossalstatue, Panzer, Triumphbogen und über 7000 Soldatengräbern.

1973

Aus der Studentenbewegung heraus entstand in Westdeutschland und West-Berlin eine Vielzahl kommunistischer Splittergruppen. Die maoistische **Kommunistische Partei Deutschlands** strebte eine Revolution in beiden Teilen Deutschlands an und kritisierte die Abhängigkeit der DDR von der Sowjetunion, was die Stasi aufs Höchste alarmierte.

Von der DDR-Staatspartei SED finanziert und mit Stasiagenten infiltiert wurden kommunistische Gruppierungen, die in West-Berlin für die staatliche Anerkennung der DDR eintraten und die einseitige Abrüstung in der NATO propagierten. Dies galt vor allem für die **Sozialistische Einheitspartei Westberlins**, die zeitweilig rund 10 000 Mitglieder hatte.

1979

In West-Berlin gewöhnte man sich an den Alltag an der Berliner Mauer. Im Schatten der Grenzanlagen sein Auto zu waschen, zu picknicken und spazieren zu gehen war angesichts der Enge in der eingemauerten Halbstadt kaum zu vermeiden. Und auch das gab es: entspanntes Angeln neben dem **Gedenkgrab für einen Mauertoten** – erschossen von DDR-Grenzsoldaten.

1989

Mehner fotografierte, was nicht fotografiert werden durfte – so das **letzte Geleit für den letzten Mauertoten.** Am 5. Februar 1989, neun Monate vor dem Mauerfall, war der 20-jährige Chris Gueffroy bei einem Fluchtversuch erschossen worden. Er hatte geglaubt, der Schießbefehl sei ausgesetzt worden. Viele Freunde begleiteten seine Mutter (erste Reihe, Mitte) bei der Beerdigung.

1980

Petra Kelly war in den Siebzigerjahren eine der ersten politischen Aktivistinnen, die entschieden für die Durchsetzung einer ökologischen Politik durch gewaltfreie Proteste eintrat. Sie stand an der Spitze der Anti-Atomkraft-Bewegung und gehörte zu den Gründern der 1980 gegründeten Partei Die Grünen. 1992 kam Kelly durch ihren Lebenspartner gewaltsam ums Leben.

1980

Rudolf Bahro, Philosoph, Sozialökologe und einstiger SED-Funktionär, forderte 1977 mit seinem Buch „Die Alternative" politische Veränderungen in der DDR ein, weil die postulierten Ziele des Sozialismus real nicht verwirklicht worden seien. Er erhielt deshalb eine Gefängnisstrafe, wurde jedoch bald in den Westen abgeschoben, wo er sich den neu gegründeten Grünen anschloss.

1973

Bei **Demonstrationen** in West-Berlin wurde gern mit kommunistischen Leitbildern provoziert. Besonderer Beliebtheit erfreute sich der chinesische Staats- und Parteichef Mao Tse-Tung. Es gab Mao-Plaketten für die Mao-Jacken, Mao-Mützen, die *Peking Rundschau* und vor allem die Mao-Bibel. Vieles davon konnte man per Postkarte kostenlos von der chinesischen Botschaft erhalten.

1988

Auf Plakaten gezeigte Leitbilder bei den staatlich angeordneten **Demonstrationen** in Ost-Berlin waren in erster Linie die Führer des Staates und der Einheitspartei SED. Wobei Demonstrationen im Osten deutlich umweltfreundlicher waren: Die Plakate wurden danach von der Abteilung Agitation und Propaganda eingesammelt, um alljährlich wiederverwendet zu werden.

1989

1984

In den Achtzigerjahren wurde die **Berliner Mauer** auf ihrer Westseite zunehmend mit Grafitti und – mal aggressiven, mal witzigen – Sprüchen bemalt. Für Touristen am anziehendsten aber war die Mauer am Brandenburger Tor, dem Symbol deutscher Geschichte, von der Willy Brandt sagte, solange es geschlossen sei, so lange „ist die deutsche Frage offen".

1978

1970

Vor allem an touristischen Hotspots ließ die DDR die Westseite der **Berliner Mauer** gelegentlich von Graffiti säubern. Möglich war dies, da die Mauer, vom Westen betrachtet, rund zwei Meter hinter der Grenze verlief. Mehners Bild von Ost-Berlinern, die auf das Brandenburger Tor blicken, bescherte dem Fotografen seinen ersten Ärger mit den DDR-Behörden.

1980

Passierscheinabkommen erlaubten ab 1963 West-Berlinern, über Weihnachten, Ostern und Pfingsten Verwandte in Ost-Berlin zu besuchen. In **Besucherbüros** mussten drei Tage vorher Visa beantragt und pro Tag 25 DM in 25 Mark der DDR umgetauscht werden. Die Besucherbüros lagen in West-Berlin, die dort tätigen Ost-Berliner Beamten wurden täglich über die Grenze dorthin gefahren.

Wenn DDR-Bürger als Rentner oder in „besonderen Familienangelegenheiten" in den Westen reisen durften, konnten sie sich beispielsweise in diesem Büro des Senats 100 DM **Begrüßungsgeld** abholen. Ab dem Mauerfall nahm dies unvorhergesehene Ausmaße an: Bis Dezember 1989 hatte nahezu jeder der 17 Millionen DDR-Bürger sich das Geld abgeholt.

1968

Wer von West-Berlin auf **Reisen** gehen und die Fahrt über die Transitautobahn meiden wollte, kam lange nicht um den Flughafen Tempelhof herum. 1945 von den US-Streitkräften übernommen, wurde er seit 1950 auch zivil genutzt. Nachdem die Anwohner lange den Lärm des mitten in der Stadt gelegenen Airports ertragen mussten, dient das Tempelhofer Feld seit 2010 als Freizeitareal.

Reisen in der DDR beschränkten sich in aller Regel auf Ziele zwischen Erzgebirge und Ostsee und wurden zu rund 60 Prozent über Betriebe, den FDGB-Feriendienst und andere staatliche Institutionen abgewickelt. Abenteuerlustige junge Leute trampten allerdings auch auf eigene Faust Richtung Polen, Balaton oder gar illegal in die Weiten der Sowjetunion.

1985

Billige Kräfte für schwere Arbeit brauchte das Land, und die Bundesregierung holte **Gastarbeiter** vor allem aus der Türkei. 1973 aber waren es dem West-Berliner Senat mit knapp 100 000 doch zu viele aus Südeuropa, und er verhängte eine Zuzugssperre. Einige pfiffige Bauunternehmer sahen sich daraufhin in Ost-Berlin nach Arbeitskräften um.

Mehner gelang es, frühmorgens in West-Berlin einen Robur-Kleinbus mit **„Gastarbeitern"** aus Ost-Berlin zu fotografieren, die täglich zu einer Baustelle nahe Bahnhof Zoo gefahren und dort eingesetzt wurden. West-Berliner Firmen nutzten das niedrige Lohnniveau in der DDR und heuerten Arbeitskräfte von dort an. Die DDR erfreute sich an den Devisen.

1979

Ein florierendes Geschäft betrieb die DDR auch mit **Müll** aus West-Berlin: Abfälle, die im Westen – so wie hier vor dem Umweltbundesamt – fein säuberlich getrennt wurden, wurden im Osten entsorgt. 2,5 Millionen Tonnen Müll übernahm die finanziell notorisch klamme DDR jährlich und erhielt dafür die begehrte D-Mark.

Der Dreck West-Berlins landete in teils gigantischen **Mülldeponien** bei Schöneiche, Deetz, Vorketzin und Schönberg. Mitunter drohte das verseuchte Grundwasser gen Westen zu fließen. Abenteuerlustige Jugendliche aus der DDR suchten bisweilen auf den Deponien nach weggeworfenen Konsumartikeln, nach der Zeitschrift *Bravo* oder dem Neckermann-Katalog.

1968

Der Tourismus in der Halbstadt West-Berlin hielt sich in Grenzen. Dabei gab es sogar Förderprogramme für Besucher aus der Bundesrepublik, Reisen westdeutscher Schulklassen in die „Frontstadt" wurden subventioniert. Die **Tourismuswerbung** der Siebzigerjahre verließ sich jedenfalls eher auf die strahlend lachende Dame im Bett denn auf die Reize der Stadt.

1969

Die **Tourismuswerbung** am martialisch gesicherten Grenzübergang Heinrich-Heine-Straße korrespondiert mit einer Äußerung Walter Ulbrichts: Die Westdeutschen seien eingeladen, sich selbst ein Bild von der DDR zu machen, wo „das Volk frei ist von kapitalistischer Ausbeutung, frei von Militarismus", einem Land, „das wirklich die besten Traditionen unseres deutschen Volkes pflegt".

1970

Diese Eier, gelegt am Tag der deutschen Einheit, der an den Volksaufstand 1953 in der DDR erinnerte, wurden in West-Berlin dezidiert als **Ostprodukte** angeboten. Meist jedoch wurde eine ostdeutsche Herkunft eher verschwiegen, etwa bei der Marke „Privileg" des Versandhauses Quelle. 6000 West-Firmen ließen Waren in der DDR produzieren, von Nivea-Creme bis zu IKEA-Regalen.

In den **Intershops** wie diesem in der Invalidenstraße roch es nach Seife, Parfüm und Schokolade. Beliebt waren sie bei Westlern wegen der Dumping-Preise für Zigaretten und Alkohol, bei Östlern wegen der sonst nicht erhältlichen Produkte, die man aus dem Werbefernsehen der Westsender kannte. DDR-Bürger konnten nur mit zuvor gegen D-Mark eingetauschten „Forumschecks“ einkaufen.

1976

Das Gefühl von Freiheit genossen FKK-Freunde, die sich an der inoffiziellen, direkt an der Stadtautobahn gelegenen Nacktbadewiese am Halensee tummelten. Manche Anwohner allerdings betrachteten die **Wiese im Halenseepark** als Schandfleck ihres Viertels und brandmarkten das urban-freizügige Treiben, das dort zu beobachten war, als obszön.

Ein ganz anderes Freiheitsgefühl erfüllte die Ost-Berliner, die im ersten Frühlingssonnenschein des Jahres 1990 die **Wiese vor der SED-Parteizentrale** für sich eroberten. Bis zum 3. Dezember 1989 hatte in diesem Haus das aus zwei Dutzend Funktionären bestehende Politbüro – die eigentliche Regierung der DDR – über Wohl und Wehe der Bürger entschieden.

1968

Für Bilder von **Verkehrsunfällen** fanden freiberufliche Fotografen wie Klaus Mehner bei West-Zeitungen leicht Abnehmer. Dies galt erst recht bei einem der seltenen und spektakulären Zugunfälle wie diesem nahe dem Bahnhof Grunewald, bei dem es zum Glück keinen Personenschaden gab. Kompliziert freilich war das Fotografieren, wenn es um die S-Bahn ging – sie gehörte der DDR.

In den DDR-Zeitungen wurden selten Bilder von **Verkehrsunfällen** veröffentlicht. Klaus Mehner gelang nur einmal in der Ost-Berliner Biesdorfer Chaussee eine solche Aufnahme. In der Regel sorgte die Volkspolizei für eine Abschirmung – erst recht, wenn Militärfahrzeuge der NVA oder gar der Sowjets beteiligt waren. Was geschehen war, erfuhr Mehner nicht von den Beamten.

1972

1968

Die **Kinder** fanden sich wohl am leichtesten ab mit den besonderen Lebensbedingungen in West-Berlin – oder anders gesagt, sie machten aus der Not eine Tugend. An der Mauer fand sich Platz zum Spielen, unbehelligt von jedwedem Autoverkehr. Und die Mittelinsel des belebten Ernst-Reuter-Platzes diente ab den späten Fünfzigern einer ganzen Kindergeneration als Badeparadies.

1974

1978

Im Osten bot auch das grenznahe Regierungskrankenhaus einen ruhigen Platz zum Spielen. Hier wurden nicht nur DDR-Spitzenfunktionäre, sondern auch verdiente westdeutsche Kommunisten behandelt. Ein „Sankra" (Sanitätskraftwagen) kam eher selten vorgefahren. Und mit dem Bonanza-Fahrrad – Marke „Blitz" – waren die **Kinder** hier ebenso cool unterwegs wie im Westen.

1967

Rudi Dutschke war das Gesicht der linken Studentenbewegung, die Ende der Sechziger in West-Berlin und der Bundesrepublik gegen die herrschenden Verhältnisse aufbegehrte. Der Marxist wurde zur Hassfigur der Rechten. 1968 von einem NPD-Anhänger niedergeschossen, starb er 1979 an den Spätfolgen des Attentats. Dutschke traf Wolf Biermann wiederholt in Ost-Berlin.

1973

Der Ost-Berliner Liedermacher **Wolf Biermann** diskutierte mit Rudi Dutschke gerne über den Prager Frühling und den wahren Sozialismus. Biermanns Mutter Emma übernachtete in West-Berlin „in der WG des Berufsrebellen Rudi Dutschke in der einstigen Gesindekammer". Sie hielt dem stets politisierenden Aktivisten gelegentlich vor, er könne doch auch mal den Müll herunterbringen.

1968

1967

Demonstrationen wurden mit der linken Studentenbewegung ab den späten Sechzigerjahren geradezu stadtbildprägend in West-Berlin. Die junge Linke strebte umfassende gesellschaftliche Veränderungen bis hin zur Revolution an – egal, ob mit dem kubanischen Guerillakämpfer Che Guevara als Idol oder mit den roten Fahnen der Arbeiterbewegung.

1974

1984

Demonstrationen in Ost-Berlin waren, bis sich die friedliche Revolution von 1989 ankündigte, stets staatlich verordnete Bekenntnisse zum Sozialismus und zu den „Freunden" in der Sowjetunion. So durfte das Konterfei Leonid Breschnews, der die UdSSR 18 Jahre lang regierte, bei keiner Demonstration fehlen, ebenso wenig wie die roten Fahnen als Symbol des Sozialismus.

1967

Einer der bekanntesten Schriftsteller aus dem Westen, die auch im Osten recht beliebt waren, war der zeitweilig in Friedenau lebende **Günter Grass** („Die Blechtrommel"). Er interessierte sich sehr für die Ost-Berliner Literatenszene. Die DDR verhängte ein Einreiseverbot gegen ihn, nachdem er an einer Lesung mit Diskussion in einer Prenzlauer-Berg-Wohnung teilgenommen hatte.

1989

Auch im Westen recht bekannt wurde der Ost-Berliner Schriftsteller **Christoph Hein** („Der fremde Freund", westdeutsche Ausgabe „Drachenblut"). Er war Dramaturg an der Volksbühne und einer der Redner auf der Demonstration vom 4. November 1989. Hein ließ seinen Namen aus dem Vorspann zu dem Film „Das Leben der Anderen" streichen, da er seine Lebensgeschichte in ihm verfälscht sah.

1987

Herta Müller, die seit Erhalt des Literaturnobelpreises 2009 international wohl renommierteste deutsche Schriftstellerin („Niederungen"), wuchs in Rumänien auf, wo sie, der deutschen Minderheit der Banater Schwaben zugehörig, Repressionen ausgesetzt war. Sie verließ ihre Heimat 1987 und zog nach West-Berlin. Ihr Hauptthema ist die kommunistische Diktatur in Rumänien.

Zu den populärsten Schriftstellerinnen in der DDR gehörte die in Ost-Berlin lebende **Irmtraud Morgner** („Leben und Abenteuer der Trobadora Beatriz"). In ihren Werken mischte sie Fantastik und Realität aus feministischer Sicht. Ihr Ehemann in den Siebzigerjahren, Paul Wiens, war ein inoffizieller Mitarbeiter von KGB und Stasi und spionierte sie und viele andere DDR-Autoren aus.

um 1980

12 bis 14 Millionen Deutsche wurden infolge der NS-Gewaltherrschaft ab 1945 aus den ehemaligen Ostgebieten des Deutschen Reiches und dem übrigen Osteuropa vertrieben. Viele organisierten sich in Vertriebenenverbänden, die regelmäßige Heimattreffen wie hier in der West-Berliner Waldbühne veranstalteten. Der Begriff **Heimat** wurde ideologisiert und von der politischen Rechten vereinnahmt.

1988

„DDR – Unser Vaterland!" wurde bei den Mai-Demonstrationen skandiert und das Pionierlied „Unsere Heimat" in der Schule gesungen. In der DDR wurde der Begriff **Heimat** romantisch interpretiert und zur Abgrenzung gegenüber dem „kalten" Kapitalismus benutzt. Was im Westen als Vertriebene bezeichnet wurde, waren hier Umsiedler – und über sie gab es keine öffentliche Debatte.

1969

Trotz aller Verbrechen, die bis 1945 in seinem Namen begangen worden waren, war der **Nationalsozialismus** im Westen nie ausgestorben. 1966 gründete sich in Berlin ein Landesverband der NPD. Obwohl der Regierende Bürgermeister Klaus Schütz (SPD) bei den Westalliierten einen Antrag auf Verbot der 500 Mitglieder zählenden Partei stellte, existierte sie weiter.

1974

Die DDR erhob den **Antifaschismus** zur Staatsdoktrin und begründete die Mauer als Schutzwall gegen den faschistischen Westen. Antifaschistische Bekenntnisse prägten die Medien, Veranstaltungen und die öffentliche Erziehung. NS-Anhänger gab es angeblich nur noch im Westen. Umso mehr schockierten in den Achtzigerjahren Aktionen von Neonazis in der DDR.

1969

1970

Mehner porträtierte viele politische Aktivistinnen in West-Berlin – von der linken Journalistin **Ulrike Meinhof**, die später die terroristische Rote Armee Fraktion mitgründete, bis zu **Beate Klarsfeld**, die mit Unterstützung der DDR alte Nationalsozialisten in der Bundesrepublik enttarnte und nicht zuletzt durch ihren Angriff auf Bundeskanzler Kurt-Georg Kiesinger bekannt wurde.

1988

1991

Auch im Osten fotografierte Mehner zahlreiche Oppositionelle, darunter **Bärbel Bohley** („Frauen für den Frieden") in ihrer Wohnung in der Fehrbelliner Straße 91 in Prenzlauer Berg. Am „Runden Tisch" entstand seine Aufnahme von **Angela Merkel**, die im Dezember 1989 zur Pressesprecherin der Oppositionsgruppe „Demokratischer Aufbruch" gewählt wurde.

1983

1983 traf eine Delegation der Grünen Erich Honecker in Ost-Berlin. Dabei entrollten Petra Kelly und Otto Schily, beide Sprecher der Grünen-Fraktion im Bundestag, vor dem SED-Staatsratsgebäude ein Plakat mit der Losung **„Schwerter zu Pflugscharen"**, die von der Friedensbewegung in der DDR geprägt und von den westdeutschen Pazifisten übernommen worden war.

Während der immer größer werdende pazifistische Teil der ostdeutschen Jugend „Frieden schaffen ohne Waffen!" forderte, propagierten SED und FDJ: **„Der Friede muss bewaffnet sein!"** In den Schulen gab es – zunehmend Konfliktstoff bietenden – Wehrkundeunterricht, in den Betrieben wurden paramilitärische „Kampfgruppen der Arbeiterklasse" organisiert.

1969

1968

Die Journalistin **Beate Klarsfeld**, die am 7. November 1968 in der Kongresshalle Bundeskanzler Hans-Georg Kiesinger unter Hinweis auf seine Nazi-Vergangenheit geohrfeigt hatte, wurde noch am selben Tag zu einer Haftstrafe verurteilt, die sie allerdings als Französin nicht antreten musste. In der **JVA Tegel** wäre sie immerhin von der ersten Gefängnisdirektorin im Westen erwartet worden.

1978

1987

Rudolf Bahro, einer der bekanntesten DDR-Dissidenten, wurde am 30. Juni 1978 wegen „landesverräterischer Sammlung von Nachrichten" und „Geheimnisverrats" zu acht Jahren Gefängnis verurteilt, die er teilweise in Bauzen II verbüßte. Mehner durfte nicht dieses, sondern ein vom Ost-Berliner Pressezentrum ausgewähltes **Gefängnis** nahe der DDR-Hauptstadt zeigen.

1985

In den **Büros** und auf den Schreibtischen der West-Berliner Kreativen ging es locker zu. Der Fotograf und Manager Jim Rakete arbeitete nahe der Mauer am Potsdamer Platz. Er fotografierte die Berliner, später auch die internationale Musik- und Filmszene und viele Cover der Neuen Deutschen Welle und betreute zum Beispiel Nena, Spliff, Die Ärzte und Nina Hagen.

Aufgeräumt und ordentlich wirkten die **Büros** und Schreibtische von DDR-Funktionären. Typisch der Arbeitsplatz eines Repräsentanten einer LPG am Rande Berlins: mit dem Standardbild von Partei- und Staatschef Erich Honecker, dem sozialistischen Wettbewerbswimpel und den Topfpflanzen mit geringem Wasserbedarf. Hunderte von Büros in der ganzen DDR sahen so aus.

1972

Wichtigstes Zeichen westlichen Wohlstands war jahrzehntelang das Auto. Bestaunt, bewundert, begehrt – wie 1972 in den Messehallen unterm West-Berliner Funkturm. Die breite Masse musste mit einem Volkswagen vorliebnehmen, für manche musste es ein **Mercedes** sein – „Sicherheit serienmäßig" und angeblich umweltfreundlich. Wer 30 000 DM hatte, bekam ihn rasch geliefert.

Unter dem Ost-Berliner Fernsehturm gab es ein besonderes Objekt des DDR-Wohlstands zu besichtigen: einen **Wartburg 1.3**. Dass in ihm der Motor eines VW Polo steckte, wurde anfangs geheim gehalten – die DDR sah sich technisch und finanziell nicht imstande, einen eigenen Viertakter zu entwickeln. Das Grundmodell kostete 33 000 Mark der DDR, auf die Auslieferung musste man lange warten.

1964

Westdeutsche **Modedesigner** nutzten den Flughafen Tempelhof, bis 1974 West-Berlins einziges „Tor zur Welt", gern für die Präsentation ihrer neuesten Kreationen. Spektakuläre Aufnahmen waren garantiert. Die erste Modenschau auf dem Tempelhofer Flugfeld fand anlässlich der Einweihung der ersten Direktverbindung zwischen Berlin und Düsseldorf im Jahre 1954 statt.

1988

In den letzten Jahren der DDR setzten alternative **Modedesigner** in Ost-Berlin der volkseigenen Kleidungsindustrie kreative Ideen entgegen. Deren Labels trugen Namen wie „ccd" (Chic, charmant und dauerhaft), „Omlett Surprise" oder „Larifari" und boten ungewöhnliche Stoffkombinationen zum Beispiel mit „Ziegenmembran" an, einem in der DDR recht gut erhältlichen Veloursleder.

1973

Nach der Berlin-Blockade 1948/49 beauftragten die Westalliierten den Senat, eine „Senatsreserve" anzulegen. Sie wurde regelmäßig durch neue Ware aufgefrischt, die Altbestände wurden an die Bevölkerung verhökert. So konnte man hier am Kurfürstendamm **Schuhe** für sechs D-Mark pro Paar kaufen. Auch Klosettdeckel, Medikamente, Büstenhalter und vieles mehr war günstig zu erwerben.

1974

„Es gibt bei uns alles – nur nicht immer, nicht überall und schon gar nicht, wenn es gerade gebraucht wird", spottete der DDR-Volksmund. **Schuhe** kamen meist aus Weißenfels, dem Zentrum der DDR-Schuhindustrie. Reichte die Produktion nicht, wurden Schuhe aus dem Westen importiert. Später wurden umgekehrt Schuhe für den Westen im Osten hergestellt, um Devisen einzunehmen.

1969

Wenn in West-Berlin etwas florierte, dann war es die **Gastronomie**. Aus Westdeutschland kamen busweise Kegelmannschaften hierher, um das Nachtleben zu genießen. Attraktiv war die Stadt nicht zuletzt deshalb, weil hier seit 1949 keine Sperrstunde galt. Oben-Ohne-Bedienung gab es beileibe nicht nur in Sex-Bars – sie galt als probates Mittel der Kundenbindung.

1975

In Ost-Berlin wie in der gesamten DDR gehörte die **Gastronomie** zu den meistkritisierten Bereichen des öffentlichen Lebens. Sogar die Zeitungen stimmten in die Nörgelei ein. Dürftiges Speisenangebot, lange Wartezeiten, den Bedürfnissen nicht entsprechende Öffnungszeiten und unfreundlicher Ton der Bedienung waren die Punkte, die primär bemängelt wurden.

1987

Zu den Installationen, mit denen 1987 zur 750-Jahr-Feier Berlins der Kurfürstendamm kulturell aufgepeppt wurde, gehörten einbetonierte Cadillacs von Wolf Vostell am Rathenauplatz. Aus Protest dagegen stellte eine Charlottenburger Stammtischrunde einen einbetonierten **Trabi** auf. Der „Plastebomber" war ein von vielen West-Berlinern belächeltes Symbol der DDR.

Um Honeckers Versprechen einzulösen, das Lebensniveau in der DDR zu erhöhen, wurden 1978 von Volkswagen 10 000 Exemplare einer Light-Version des **VW Golf** erworben. Verkaufspreis: 35 000 Mark der DDR, „nur" 25 000 Mark mehr als ein Trabant. Bezahlt wurde der Import u. a. mit Werkzeugmaschinen und Dresdner Stollen sowie einem Planetarium vom VEB Carl Zeiss Jena.

1985

Er flog gern selbst und lenkte den Privatjet eigenhändig in die DDR. Der bayrische Ministerpräsident **Franz-Josef Strauß** (CSU), sonst ein Kommunistenfresser ohnegleichen, überbrachte ein besonderes Geschenk: Er rettete die DDR 1983 durch einen Milliardenkredit vor der Zahlungsunfähigkeit. Mit Sonnenbrille freut sich Alexander Schalck-Golodkowski.

Der SED-Geldbeschaffer **Alexander Schalck-Golodkowski** verlängerte mit vielen Milliarden-Deals das Leben der DDR. Alles ging geheim in den Westen: Blutspenden von DDR-Bürgern, herausgerissene Pflastersteine oder teure Antiquitäten, Kunstwerke aus DDR-Museen, geraubte Privatsammlungen oder Waffen für Krisengebiete. Am Ende „floh" er selbst in den Westen – nach Bayern.

1971

Lange Zeit ließ der West-Berliner Senat den Spekulanten freie Hand, die die Mietskasernen der alten Arbeiterviertel Neukölln, Kreuzberg, Wedding oder Moabit verfallen ließen. Bis in die Achtzigerjahre wirkten manche Häuserzüge mit ihren Einschusslöchern oder Bombenschäden, als sei der Krieg gerade erst vorbei. Heruntergekommen waren vor allem viele **Hinterhöfe**.

Viele Mietskasernen in Prenzlauer Berg, Pankow oder Friedrichshain verfielen immer mehr. Es gab sogar Abrisspläne für ganze Straßenzüge, die zum Glück nicht mehr realisiert werden konnten. Hinterhöfe mit verrosteten Oldtimer-Wracks und geheimnisvollen Unterkellerungen boten sich als Abenteuerspielplätze an, besonders in grenznahen Bereichen wie hier an der Oderberger Straße.

1969

Um der durch den Bau der Mauer verschärften Wohnungsnot zu begegnen, wurde der soziale Wohnungsbau in West-Berlin forciert. Neben Hansaviertel und Gropiusstadt war das 1963 bis 1974 geschaffene **Märkische Viertel** mit 17 000 Wohnungen das wichtigste Neubauprojekt. Allerdings wurde die Trabantenstadt in Reinickendorf schnell vom Vorzeigeobjekt zum sozialen Brennpunkt.

Als Alternative zu den verfallenen Altbauten in Prenzlauer Berg, Mitte, Friedrichshain oder Pankow wurden Plattenbausiedlungen in Lichtenberg und Marzahn errichtet. Ein Vorzeigeobjekt war die von 1983 bis 1986 erbaute **Ernst-Thälmann-Siedlung** in Prenzlauer Berg, deren Modell hier dem saarländischen Ministerpräsidenten Oskar Lafontaine präsentiert wird.

1969

Die geschäftstüchtige Unternehmerin Beate Uhse, die Westdeutschland und West-Berlin mit einem Netz von Läden überzog, in denen „Artikel für die Ehehygiene" angeboten wurden, trug wesentlich zur Liberalisierung der **Sexualmoral** bei. Doch häufig waren Sex-Shops noch eher schmuddelige Etablissements, in welche die – ganz überwiegend männlichen – Besucher nur verschämt eintraten.

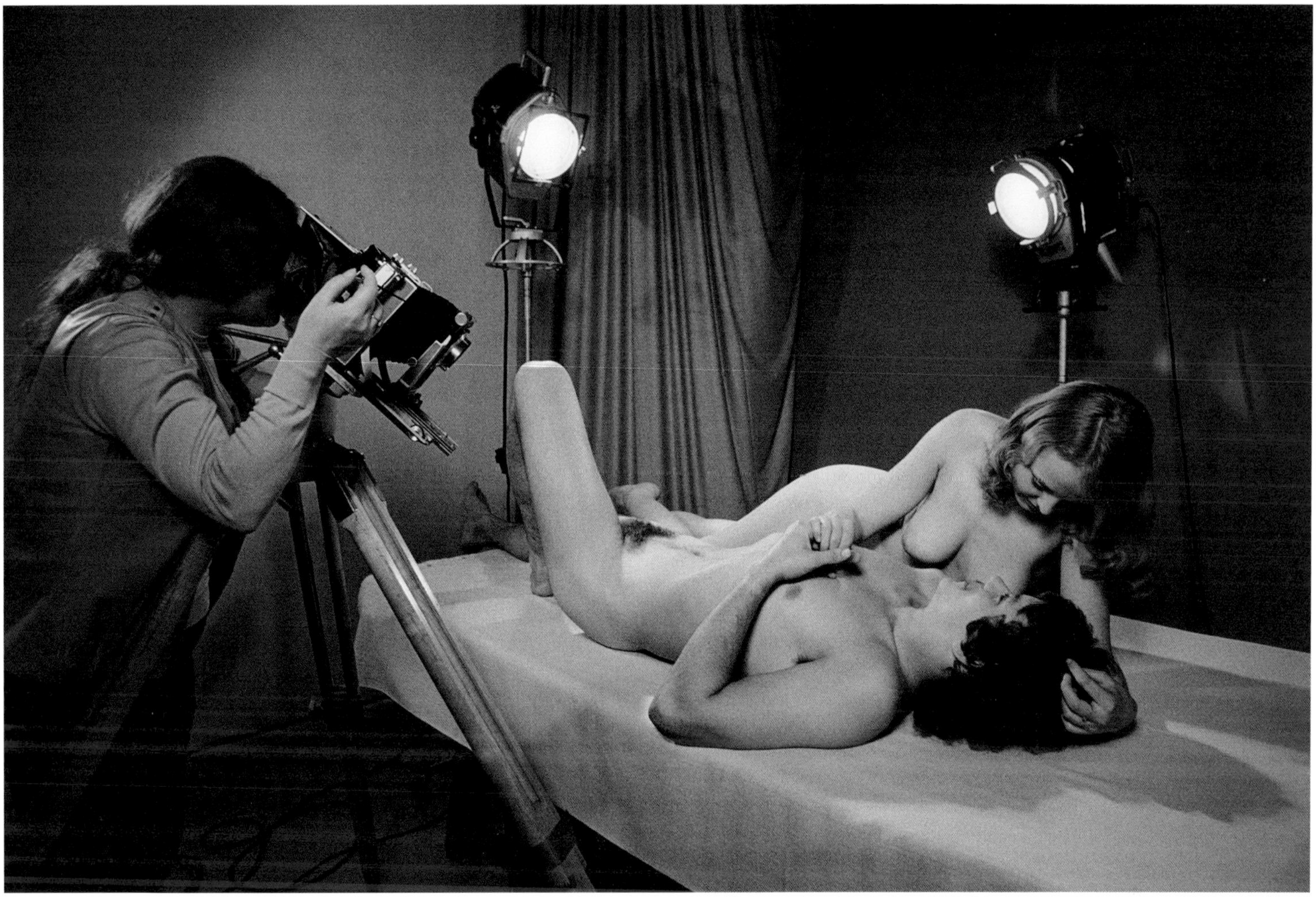

Die staatlich verordnete **Sexualmoral** im Osten erlaubte keine Erotik-Shops. Dafür erschien monatlich *Das Magazin*, das neben Literatur und Reportagen auch erotische Geschichten, Aktfotos und freizügige „Partnerschaftsannoncen" darbot. Trotz hoher Auflage war es stets sofort nach Erscheinen vergriffen. Mehners Bild zeigt ein Fotoshooting für das Blatt.

1970

Ein Rentner mit Vornamen Otto, vermutlich in der Kreuzberger Eckkneipe „Molle“, Bergmannstraße. Nach Auswahl der gewünschten Schallplatte und Einwurf einer Münze sorgte die Musikbox für Stimmung im Lokal. In das kamen täglich fast immer dieselben Gäste. **Eckkneipen** waren in West-Berlin Orte für jedermann. 1905 soll auf 157 Berliner eine Kneipe gekommen sein.

1972

Als traditionsreiche Berliner Institution waren **Eckkneipen** im Osten nicht minder beliebt als im Westen. Nur trank man hier nicht Schultheiss, sondern Berliner Pilsner. An der Schnellerstraße in Schöneweide produzierte die Ost-Berliner Bärenquell-Brauerei den beliebten Gerstensaft, das nicht minder begehrte Schultheiss-Bier kam aus Kreuzberg.

1986

Jahrelang bemühte sich der westdeutsche Rocksänger **Peter Maffay** um einen Auftritt in der DDR. 1983 durfte er endlich zwei Konzerte in Rostock geben. Drei Jahre zuvor hatte er die Gruppe Karat in Wiesbaden gehört und um Erlaubnis gebeten, deren Song „Über sieben Brücken mußt Du gehn" zu covern. 1988 sagte er eine weitere Konzertreise wegen der Verhaftung von Oppositionellen ab.

1972

Frank Schöbel gehörte zu den bekanntesten Musikern im Osten. Er sollte ursprünglich in den Leipziger Thomanerchor, interessierte sich aber mehr für Popmusik. Schöbel gewann Schlagerwettbewerbe, trat 1974 zur Eröffnung der Fußballweltmeisterschaft in Frankfurt am Main als DDR-Repräsentant auf und geht noch immer regelmäßig auf Weihnachtstournee.

1972

Demonstrierende Kinder waren in West-Berlin eher eine Rarität. Hier tun kleine Steppkes in Kreuzberg kund, was sie davon halten, dass die Erwachsenen mit Tieren oftmals besser umgehen als mit ihnen. Spielverbote in Hinterhöfen, gehässige Hauswarte und der zunehmende Autoverkehr machten Kindern das Leben wirklich nicht leicht.

In Ost-Berlin waren **demonstrierende Kinder** eher an der Tagesordnung – waren doch alle Bevölkerungsgruppen gehalten, regelmäßig ihre Zufriedenheit mit dem Leben in der DDR öffentlich zu zeigen. Mehr oder weniger innerlich überzeugt sangen die Jungen Pioniere: „Wir lachen mit der Sonne um die Wette, und so fröhlich wie ein Vogel singen wir."

1986

Der 1941 in Pankow ~~1941~~ geborene CDU-Politiker **Eberhard Diepgen** war 1984–1989 sowie 1991-2001 Regierender Bürgermeister von Berlin (West). Er war 1963 AStA-Vorsitzender an der Freien Universität, wurde jedoch abgewählt, als bekannt wurde, dass er einer Burschenschaft und schlagenden Verbindung angehörte. Der Rechtsanwalt wurde 2001 nach dem Bankenskandal abgewählt.

Erhard Krack (1931–2000) war 1974–1990 Oberbürgermeister von (Ost-)Berlin und Mitglied des Zentralkomitees der SED. Er soll in diesem Amt gegen den Abriss ganzer Straßenzüge in Mitte und Prenzlauer Berg gewesen sein. Als Vorsitzender der Wahlkommission verantwortete er die Wahlfälschung bei der Ost-Berliner Kommunalwahl 1989 und wurde deswegen 1993 verurteilt.

Im Zuge des Studentenrevolte kam es immer wieder zu **Festnahmen**. Die gewaltsamen Auseinandersetzungen mit der Polizei eskalierten am 4. November 1968 vor dem Landgericht am Tegeler Weg wegen eines Verfahrens geben den APO-Anwalt Horst Mahler. Sie gelten als Wendepunkt in der Geschichte der APO: Mahler und andere radikalierten sich und gingen in den Untergrund.

Mehner fotografierte die **Festnahme** eines DDR-Bürgers durch Staatsicherheit und Volkspolizei vor der „Ständigen Vertretung der Bundesrepublik Deutschland", wo dieser Hilfe bei der Ausreise aus der DDR erbitten wollte. Im August 1989 suchten dort 130 Ausreisewillige Schutz, im Herbst 1989 noch viel mehr Menschen in den Botschaften der Bundesrepublik in Prag, Warschau und Budapest.

1971

Ein Leuchtturm West-Berliner Kultur war die Schaubühne am Halleschen Tor, geleitet von **Peter Stein**. Dessen Inszenierungen (wie „Sommergäste" von Maxim Gorki) schrieben Theatergeschichte. 1968 kam es zu einem Skandal wegen einer Spendensammlung für den Vietkong. 1981 zog Stein mit seinem Ensemble in einen von ihm projektierten Neubau am Lehniner Platz.

1989

Heiner Müller, verstorben 1995, war einer der wichtigsten Schriftsteller und Theatermacher in der DDR. Er arbeitete als Dramaturg und Regisseur am Berliner Ensemble und dann an der Volksbühne. Der unangepasste, oftmals der Zensur unterworfene Künstler blieb bis heute eine Kultfigur, obwohl er als IM für die Stasi tätig war („da war es möglich, vernünftig zu reden").

1986

1970

Zwei Größen des westdeutschen Literaturbetriebs: der Kritiker **Marcel Reich-Ranicki** und der literarische Rebell **Peter Handke**. Letzterer begann seine Karriere 1966 mit „Publikumsbeschimpfung". Aus dieser Zeit stammt auch das Foto Mehners. Handke nannte Reich-Ranicki einen „Grobmotoriker des Urteilens" und Literaturkritik „läppisch". So wurde er zum Lieblingsfeind des Kritikers.

1988

1978

Zwei literarische Größen der DDR: **Stefan Heym**, vielleicht ihr bedeutendster Schriftsteller („Collin", „Ahasver"), und der 2001 verstorbene Literat und Rebell **Thomas Brasch** („Vor den Vätern sterben die Söhne"). Beide hatten einen jüdischen Familienhintergrund. Heym, während der NS-Zeit emigiert, kam 1953 in die DDR. Brasch verließ 1977 nach vielerlei Repressionen die DDR.

1968

Versammlungen der oppositionellen Szene in West-Berlin waren überall möglich: in Privaträumen, Kneipen, Universitätsräumen, Studentenheimen, Fabriketagen, angemieteten Läden ... Bei der abgebildeten Zusammenkunft wurde über die Diskriminierung von weiblichen und männlichen Homosexuellen in der Gesellschaft diskutiert und eine Demonstration vorbereitet.

Zusammenkünfte der oppositionellen Szene in Ost-Berlin fanden oftmals in Kirchen statt – nur sie boten einen Freiraum für nichtstaatliche Aktivitäten. Wichtige Zentren der Opposition waren Zions-, Gethsemane-, Friedens- und Erlöserkirche. Dort traten sonst mit Auftrittsverbot belegte Liedermacher auf. Gläubig musste niemand sein. Die Stasi war stets anwesend.

1981

Dirk Schneider war Politiker der West-Berliner Alternativen Liste und der Grünen, zeitweilig Bundestagsabgeordneter und deutschlandpolitischer Sprecher der grünen Bundestagsfraktion. Er hintertrieb die Beziehungen der Grünen zur DDR-Opposition. 1991 wurde er, inzwischen zur PDS gewechselt, als ehemaliger IM der Stasi entlarvt.

In den Achtzigerjahren galt **Sascha Anderson** als Star der Künstlerszene von Prenzlauer Berg. Er schrieb Gedichte („Jeder Satellit hat einen Killersatelliten") und gab Künstlerbücher in Kleinstauflagen heraus, die erstaunlicherweise vom Staat geduldet wurden. Wolf Biermann enttarnte ihn 1991 als IM der Stasi, der jahrelang selbst seine engsten Freunde bespitzelt hatte.

1986

Die Einfahrt zum **Berliner Amt für Verfassungsschutz** in Zehlendorf konnte Mehner problemlos fotografieren. Der Geheimdienst, der mit nachrichtendienstlichen Mitteln verfassungsfeindliche Bestrebungen aufspüren sollte, hatte 150 Mitarbeiter. 2000 wurde das Landesamt, das auch ehemalige Stasioffiziere als V-Männer beschäftigte, nach mehreren Skandalen aufgelöst.

Dass er das **Ministerium für Staatssicherheit** in der Normannenstraße fotografierte, brachte Mehner größten Ärger mit den DDR-Behörden ein. Das geheimste Gebäude Ost-Berlins hatte er von einem Haus gegenüber abgelichtet. Stasi-Chef Erich Mielke, der mit über 200 000 hauptamtlichen und inoffiziellen Mitarbeitern ein ganzes Volk überwachte, ließ verärgert Umbauten vornehmen.

1989

Die **Berliner Mauer** hielt die DDR-Bürger abgegrenzt. Für Besucher West-Berlins war sie eine spektakuläre Sehenswürdigkeit. Überall entlang der Mauer – wie hier an der Bernauer Straße – standen auf Westseite provisorische Aussichtsplattformen, die einen Blick über die Grenzanlagen erlaubten. Für Mauerbesichtigungen wurde vor allem der Potsdamer Platz gern von Touristenbussen angefahren.

1961 erbaut, um den massenhaften Wegzug von DDR-Bürgern in den Westen zu unterbinden, wurde die **Berliner Mauer** vom DDR-Regime als „antifaschistischer Schutzwall" gerechtfertigt, der „Abwanderung, Unterwanderung, Spionage, Sabotage, Schmuggel, Ausverkauf und Aggression aus dem Westen" verhindern sollte. Weit über hundert Menschen wurden bei dem Versuch, die Mauer zu überwinden, getötet.

1988

Der saarländische Ministerpräsident und spätere SPD-Kanzlerkandidat **Oskar Lafontaine** sprach sich bei einem Treffen mit dem Stellvertreter des Staatsratsvorsitzenden und späteren Honecker-Nachfolger **Egon Krenz** gegen eine Wiedervereinigung und gegen die Massenauswanderung von DDR-Bürgern in den Westen aus. 2005 wechselte der langjährige SPD-Politiker zur Linkspartei.

1988

„Vorwärts immer, rückwärts nimmer!" Zwei Jahrzehnte lang war **Erich Honecker** als Generalsekretär des ZK der SED und Staatsratsvorsitzender der mächtigste Mann der DDR. 1961 maßgeblich am Bau der Mauer beteiligt, stürzte er 1971 Walter Ulbricht. Nach den Leipziger Massendemonstrationen im Oktober 1989 wurde er dann selbst vom Politbüro zum Rücktritt gezwungen.

Klaus Mehner

18.1.1941	Geboren in Berlin
bis 1959	Aufgewachsen in Berlin-Schmargendorf
1959–1964	Nach dem Abitur zur Bundeswehr eingezogen, nach wenigen Wochen Grundwehrdienst für fünf Jahre verpflichtet in einer Panzereinheit
1964	Kurze Beschäftigung beim SFB-Fernsehen als Kameramann Beginn der selbstständigen Arbeit als Fotograf in West-Berlin
1965	Volontariat bei der Nachrichtenagentur Associated Press (AP) in Frankfurt/Main und der Fotoagentur Keystone in Köln und Bonn
1966	Tätigkeit als Fotograf für Keystone in Nordrhein-Westfalen
1967	Rückkehr nach West-Berlin und intensive fotografische Begleitung der Außerparlamentarischen Opposition (APO) in West-Berlin
1967	Erste Bilder aus Ost-Berlin
1967	Gründung der Fotoagentur Klaus Mehner Pressefotos
1973–1989	Akkreditierung in der DDR
1989–1991	Intensive fotografische Begleitung der friedlichen Revolution in der DDR und der Transformationszeit
2000	Gründung der Internetdatenbank Berlin-PressServices.de
19.9.2016	Verstorben in Berlin

Peter Wensierski

Der in Berlin lebende Journalist, Schriftsteller und Dokumentarfilmer wurde 1954 in Heiligenhaus am Rande des Ruhrgebietes geboren. Nach Studium von Politik, deutscher Geschichte und Publizistik an der FU Berlin begann seine Arbeit 1978 mit Berichten und Reportagen aus der DDR für den Evangelischen Pressedienst (epd), *Spiegel*, *Nürnberger Nachrichten* u. a. Daneben entstanden zahlreiche Bücher, Radiosendungen und Dokumentarfilme über die aufkommende Oppositionsbewegung in der DDR. Ab 1986 arbeitete er als Fernsehjournalist der ARD für das politische Magazin „Kontraste" und berichtete über zahlreiche DDR-Tabuthemen in der DDR und über die Leipziger Montagsdemos. 1993 wechselte er zum *Spiegel* und arbeitete als Redakteur im Deutschlandressort und als Auslandskorrespondent in Rom.
Peter Wensierski wurde unter anderem 1986 mit dem Bundesfilmpreis (für einen Film über die Berliner Mauer), 1993 mit dem Europäischen Fernsehpreis (für einen Film über Marzahn) und 2012 mit dem Bundesverdienstkreuz (für das 2006 erschienene Buch „Schläge im Namen des Herrn. Die verdrängte Geschichte der Heimkinder in der Bundesrepublik") geehrt. Er verfasste zahlreiche erfolgreiche Sachbücher wie „Die verbotene Reise. Die Geschichte einer abenteuerlichen Flucht" (2014) und „Die unheimliche Leichtigkeit der Revolution. Wie eine Gruppe junger Leipziger die Rebellion in der DDR wagte" (2017).